www.ingramcontent.com/pod-product-compliance
Lightning Source LLC
LaVergne TN
LVHW010618070526
838199LV00063BA/5193
* 9 7 8 9 3 5 8 7 2 9 0 6 1 *

چاند ستارے

(بچوں کی نظمیں)

مصنفہ:

زیب عثمانیہ

© Taemeer Publications LLC

Chaand Sitarey *(Kids poems)*
by: Zeb Osmania
Edition: September '2023
Publisher & Printer:
Taemeer Publications LLC (Michigan, USA / Hyderabad, India)

ISBN 978-93-5872-906-1

مصنف یا ناشر کی پیشگی اجازت کے بغیر اس کتاب کا کوئی بھی حصہ کسی بھی شکل میں بشمول ویب سائٹ پر اَپ لوڈنگ کے لیے استعمال نہ کیا جائے۔ نیز اس کتاب پر کسی بھی قسم کے تنازع کو نمٹانے کا اختیار صرف حیدرآباد (تلنگانہ) کی عدلیہ کو ہو گا۔

© تعمیر پبلی کیشنز

کتاب	:	**چاند ستارے**
مصنفہ	:	**زیب عثمانیہ**
صنف	:	ادب اطفال
ناشر	:	تعمیر پبلی کیشنز (حیدرآباد، انڈیا)
سالِ اشاعت	:	۲۰۲۳ء
تعداد	:	(پرنٹ آن ڈیمانڈ)
صفحات	:	۵۶
سرورق ڈیزائن	:	تعمیر ویب ڈیزائن

فہرست مضامین

صفحہ	عنوان	نمبر شمار
۷	حد کے معنی!	۱
۱۰	بچوں کا پیغام وطن کے نام!	۲
۱۲	صبح کا گیت!	۳
۱۴	ایک مسافر	۴
۲۱	اچھی باتیں	۵
۲۲	شیر اور تخم	۶
۲۵	ایک نرالا کمیل	۷
۲۹	دکھیوں کی امداد	۸
۳۲	ڈھیلا اور تتا	۹
۳۴	پیسی نچے!	۱۰
۳۹	راجہ اللہ بھونرا	۱۱
۴۱	بچیوں کا گیت	۱۲
۴۶	صفائی	۱۳
۴۹	نامور لڑکی	۱۴
۵۵	خانہ داری	۱۵

اِنتساب

شہاب کے نام جس کا تعلیمی شوق اور قوم و وطن کی خدمت کا ولولہ بھری جوانی میں ظالم موت کے بیداد ہاتھوں خاک سپرد ہوگیا۔

حمد کے معنی !

گھر سے جا کر روز سویرے — مکتب آ کر روز سویرے
جو نغمے گاتے ہو اکثر — گا کر لہراتے ہو اکثر
ہے تو وہ بھی حمد خدا کی — حمد خدائے ارض و سما کی
لیکن وہ تعریف بھی کیا ہے — صرف زباں پر جس کی صدا ہے
معنی ہیں یہ حمد خدا کے — حمد خدائے ارض و سما کے
رب کے نام میں ہی جو نیکی — وہ ہم میں پیدا ہو نیکی
نام ہوں رب کے جس سے روشن — کام ہوں رب کے جس سے روشن
کرتا ہے وہ احسان سب پر — کیا عاقل کیا ناداں سب پر

ہم بھی ڈالیں خوئے احساں
ہم میں بھی ہو بوئے احساں

راجہ یا کنگال ہو کوئی
گورا ہو یا لال ہو کوئی

اس کی نظر میں سبھی برابر
اس کے گھر میں سبھی برابر

ہم بھی برابر جانیں سب کو
ہم بھی برابر مانیں سب کو

رعب نہ مانے دھن دولت کا
فرق نہ جانیں دھن دولت کا

مظلوموں کا حامی ہے وہ
معصوموں کا حامی ہے وہ

ہم بھی لوگوں کے کام آئیں
ان کے ہر دکھ کو اپنائیں

ہندو مسلم سکھ عیسائی
امی ابا بہنا بھائی !!!!

یہ تو ہیں سب نام ہمارے
دیکھتا ہے وہ کام ہمارے

اچھا کام ہے اس کو پیارا
نیک انجام ہے اس کو پیارا

ہم بھی سب کا رتبہ مانیں
ہم بھی سب کو اچھا جانیں

جن لوگوں کے کام ہیں اچھے
کاموں کے انجام ہیں اچھے

بُرے بھلے سے واقف ہے وہ کھُلے ڈھکے سے واقف ہے وہ
ہم بھی اپنا عِلم بڑھائیں قدرت کے رازوں کو پائیں
ظالِم سے ہے بیر خدا کو پرمیشور کو اَن داتا کو
بس پھر ہم پر فرض یہی ہے زیبؔ کی تم سے عرض یہی ہے
اپنوں پر کیا بیگانوں پر رحم کرو سب اِنسانوں پر
اچھے اِنساں بن کے دکھا دو
حمد کے معنی سب کو بتا دو!

بچوں کا پیغام وطن کے نام

ہم صلح و مروّت کا جب ہاتھ بڑھا دیں گے
اِک عمر کے روٹھوں کو آپس میں ملا دیں گے

ملّا و برہمن اب مایوس نہ ہوں ہرگز
ہم مسجد و مندر کے جھگڑوں کو چکا دیں گے

کیوں دُکھ ہو غریبوں کو ہم کس لئے ہیں آخر
جو ان کو ستائیں گے ہم ان کو مٹا دیں گے

احساس ہے سب ہم کو بس دیر ہے کچھ دن کی
ہے ظلم کی کیا قیمت ظالم کو بتا دیں گے

آپس کی عداوت سے ہر ڈوبتی کشتی کو
احسان و مروّت سے ہم پار لگا دیں گے

پھر غیر نہ سمجھیں گے اِک دوسرے کو انساں
جب اُن کو محبّت کا آئینہ دکھا دیں گے

مذہب ہو کوئی ، لیکن ہے ہند وطن اپنا
ہم زیبؔ وطن کی ہر بگڑی کو بنا دیں گے

صبح کا گیت

رات میں جو جو ظلم ہوئے ہیں
پاپ نے جتنے روپ بھرے ہیں
لوبھ نے جو جو سوانگ رچے ہیں
صبح نے وہ سب کھول دئے ہیں
سونے والے جاگ اٹھے ہیں!

لوٹنے کو دھن تیرا میرا
چاہتے تھے جو شب کا اندھیرا
بھاگے ہیں وہ دیکھ سویرا
لینے کے دینے آن پڑے ہیں
سونے والے جاگ اٹھے ہیں!

رات میں جو پاپی چھپ چھپ کر
پھونک رہے تھے ایسے منتر
جاگ نہ ہو جن سے دھرتی پر
اب خود اُن کے ہوش اُڑے ہیں

سونے والے جاگ اُٹھے ہیں!

خوش ہیں طائر ڈالی ڈالی
ٹل گئی ظلم کی ساعت کالی
رہ گئی ایشور نام کی لالی
زیبؔ کے من کے پھول کِھلے ہیں

سونے والے جاگ اُٹھے ہیں!

ایک مسافر!

راہی ایک بچارا کوئی
بپتاؤں کا مارا کوئی

اپنی گٹھڑی پونجی لے کر
دکھیا دِل کو ڈھارس دے کر

من میں رب کا دھیان لگائے
منزل کے ارمان لگائے

راہ کی کڑیاں جھیل رہا تھا
اپنا رستہ ٹھیل رہا تھا

ایسا وہ نادار نہ تھا کچھ
بے بس یا لاچار نہ تھا کچھ

بیشک تھا خوددار بڑا وہ
لیکن دُور اندیش نہ تھا وہ

کیونکہ اِتنے کٹھن سفر میں
اِتنی مشکل راہ گذر میں

جاتا تھا وہ نادان تنہا
سہما سہما حیران تنہا

مل کر چلنے سے تھی نفرت
لے ڈوبی یہ اُس کی نفرت

چھپ کر بیٹھے تھے کچھ ڈاکو   لالچ کے مارے کچھ ڈاکو
ٹوٹ پڑے وہ سب راہی پر   آئی آفت اب راہی پر
اس نے کچھ تکرار کیا جب   اور کوئی اِنکار کیا جب
پکڑے اس کے ہاتھ اور پاؤں   جکڑے اُس کے ہاتھ اور پاؤں
لوٹ مچائی چوروں نے اب   ہتھیا چار لگا ہونے اب
راہی کا یہ حال جہاں تھا   مندر اِک نزدیک وہاں تھا
پاس ہی تھی اِک اونچی مسجد   یہ تھا مندر، یہ تھی مسجد!
مندر میں رہتا تھا پنڈت   ہری بھجن کا رسیا پنڈت
وارث تھا مسجد کا مُلّا   پکّا ہٹ اور ضد کا مُلّا

پاس نہ آیا کوئی بھی جب   دوست نہ پایا کوئی بھی جب
راہی نے یوں شور مچایا   بیچارہ بے کس چلّایا

لے مسجد اور مندر والو کرپا کرکے مجھے بچا لو
تم ہو معصوموں کے حامی دکھیوں مظلوموں کے حامی
چوروں نے پکڑا ہے مجھ کو رسی سے جکڑا ہے مجھ کو
آکر اُن سے مجھے چھڑاؤ جلدی آؤ جلدی آؤ!!

آہ مگر ملّا اور پنڈت تنگ نظر ملّا اور پنڈت
دونوں جو آرام طلب تھے وہ راہی کی سنتے کب تھے
سب کچھ دیکھ رہے تھے دونوں پتھر دِل بے ترسے دونوں
ملّا کے جی میں جو آیا ایک بہانہ اس نے بنایا
میں جو ڈالوں پاؤں باہر اپنے گھر سے جاؤں باہر
تاک میں میری ہے وہ پنڈت میرا بیری ہے وہ پنڈت
پاکر مسجد سونی میری لے جائے گا پونجی میری

میں نے مانا چور ہیں ظالم   اور مدد راہی کی لازم
لیکن فرض نہیں مجھ ہی پر   اس کی جان بچاؤں جا کر
بیٹھا کیا کرتا ہے پنڈت   آخر کیوں ڈرتا ہے پنڈت
میں جاؤں چوروں سے لڑنے   ایسے منہ زوروں سے لڑنے
کیوں اپنے اوسان گنواؤں   ناحق اپنی جان گنواؤں
سب کچھ اپنے دم ہی سے ہے   نام ہمارا ہم ہی سے ہے

پنڈت ملّا سے چڑھ کر تھا   یہ ظالم اس سے بڑھ کر تھا
یہی گھمنڈ تھا اس کے جی میں   سب شودر ہیں بھری بھی میں
بات ہے میری سب میں پوتر   ذات ہے میری سب میں پوتر
میں جاؤں راہی کو چھڑانے   چوروں سے جاں اسکی بچانے
نیچ جو کوئی چھو جائے گا   ناش دھرم کا ہو جائے گا

پھر یہ ملا رہتا ہے جو — خود کو مسلا کہتا ہے جو
اس سے تو جو بھی چھو جائے — جیون بھر پاپی ہو جائے
گھس آیا مندر میں جو یہ — بھرشٹ کرے گا اس گھر کو یہ
لٹتا ہے لٹ جانے راہی — اپنے سر کو کھائے راہی
دھرم ہے اپنا مجھ کو پیارا — جس سے قائم لوبھ ہے سارا

القصہ یہ جاہل دونوں — فرض سے اپنے غافل دونوں
بیٹھ رہے یوں بات بنا کر — کون لڑے چوروں سے جا کر
لیکن رب کے بھید نرالے — وہ جس کو جب چاہے بچالے
اتنے میں کچھ لوگ بہادر — آپہنچے فریاد کو سن کر
آتے ہی وہ جب للکارے — بھاگے ڈاکو ڈر کے مارے
چوروں سے جو رہائی پائی — راہی کی جاں میں جان آئی

بولا وہ ان سے اے شیرو — اے سادھو اور دلیرو
کون ہو تم کیا نام تمہارا — بندہ ہوں بے دام تمہارا
بولے وہ انساں ہیں ادنیٰ — ہم لوگوں کا نام پتہ کیا
ہم نے سنی فریاد تمہاری — لازم تھی امداد تمہاری
ہے مذہب اپنا ہمدردی — اور نعرہ ہے "یا ہمدردی"
یہ کہہ کر وہ مردِ دلاور — ہوئے روانہ اپنی ڈگر پر

ملاّ اور پنڈت کچھ بھی تھے — بُرے تھے جاہل تھے ضدی تھے
تھے تو آخر دونوں انساں — دیکھ کے یہ سب ہوئے پشیماں
اب سمجھے مطلب مذہب کا — یاد آیا کیا حکم ہے رب کا
بخشی جو توفیق خدا نے — چھوڑ دی اپنی ضد ملاّ نے
پنڈت نے اپنی پوترتا — دیکھی اب جھوٹی پوترتا

آج پتے کی ان کو سوجھی — دونوں نے اب بات یہ بوجھی

پریم ہی ہے سنسار میں سب کچھ — ہے آپس کے پیار میں سب کچھ

پریم دھرم ہے پریم ہی دین ہے — پریم نہیں تو کچھ بھی نہیں ہے

ملا صاحب اور پنڈت جی — تھے اب دونوں بھائی بھائی

زیب محبت کی برکت سے — اور ان دونوں کی الفت سے

تھیں شردھا سے بھری نگاہیں
چوروں سے محفوظ تھی راہیں

اچھّی باتیں!

تم جانتے ہو کیا ہے وہ حکمت ۔۔۔ رائی کو کردے پل میں جو پربت
دنیا میں سب سے مل جل کے رہنا ۔۔۔ آپس کی چاہت آپس کی الفت
ہم زندگانی کہتے ہیں جس کو ۔۔۔ یہ بھی خدا کی ہے اک امانت
اس کو بُرائی میں صرف کرنا ۔۔۔ گویا امانت میں ہے خیانت
کرتا ہے تم پر جو لطف و احساں ۔۔۔ ہے شکریے کی اس کی ضرورت
انساں کی نیکی کو یاد رکھنا ۔۔۔ یہ بھی خدا کا ہے شکر نعمت
وہ آگ جس کا ایندھن ہے انساں ۔۔۔ کہتے ہیں اس کو بغض اور کدورت
لقماں سے پوچھا ہے بادشا کون ۔۔۔ بولا کہ جس کو ہو شوقِ خدمت
دنیا سے دولت کی آرزو کیا ۔۔۔ اِنسان خود ہے دنیا کی دولت

اپنے پرایوں کے اس جہاں میں سب کو ہے اپنوں سے الفت

یا رب ہو ایسا بھی کوئی پریمی نعرہ ہو جس کا "سب سے محبت"

کوئی سُنے تو سب کچھ ہے ورنہ

کیا زیبؔ اور کیا اس کی نصیحت

شیر اور بچّہ

پنجرے میں بند اِک جگہ دیکھا جو شیر کو
بچہ کوئی یہ کہنے لگا اس دلیر کو

میں نے سُنی ہیں تیری بہت سی کہانیاں
سُن سُن کے جن کو خوف سے جاتی ہے میری جاں

آخر وہ کون ہے تجھے جس نے کیا ہے قید
حیراں ہوں کہ شیر کو کس نے کیا ہے قید

بچّے کا یہ سوال بہت سیدھا سادہ تھا
شاید اسی لئے اثر اس میں زیادہ تھا

اِک آہ کر کے رہ گیا جنگل کا بادشاہ

گزری جو دل پہ سہہ گیا جنگل کا بادشاہ
پھر سر اٹھا کے کہنے لگا وہ غریب یوں
آنسو بہا کے کہنے لگا بدنصیب یوں

بچے، اگرچہ میں نہ سناتا یہ ماجرا
باعث ہے اپنی ہی غلطی کا یہ ماجرا
پھر بھی جو بات سچ ہو بتانے میں حرج کیا
کچھ اپنا حال تجھ کو سنانے میں حرج کیا

شاید ہو تجربے سے مرے فائدہ ترا
حاصل ہو واقعے سے مرے فائدہ ترا
سچ ہے کہ تھا میں جسم کی طاقت میں بے مثال
کھاتے نہ کھائے شیر کا منہ تھے ہمیشہ لال

بھیڑیں ہرن تو پھر ہیں بھلا جانور غریب

ہیں شیر نر کے سامنے کیا جانور غریب
طاقت سے میری کانپتے رہتے تھے آدمی
جنگل کا بادشاہ مجھے کہتے تھے آدمی

اِک بات کا مگر مجھے کرنا ہے اعتراف
تھی مجھ میں جو کمی وہ بتاتا ہوں صاف صاف
کہتے ہیں جس کو عقل تمہاری زبان میں
تم کو شرف ہے جس کی بدولت جہان میں

میں زور تن کا بادشاہ محروم اس سے تھا
میں کوہ دین کا بادشاہ محرُوم اس سے تھا
سیر دشکار پر مری دنیا تھی منحصر
کہسار غار پر مری دنیا تھی منحصر
سچ ہے کہ زندگی کو ضرورت ہے عقل کی

جینا ہے تو سبھی کو ضرورت ہے عقل کی
انساں کے ہتکنڈوں سے نہ خود کو بچا سکا
زورِ بدن وہاں نہ مرے کام آسکا
اس کا نتیجہ ہے کہ پڑا ہوں قفس میں آج
جنگل کا بادشاہ ہے انساں کے بس میں آج
دنیا میں زیبؔ عقل کا درجہ بلند ہے
عاقل ہے جو زیادہ وہی فتح مند ہے

ایک نرالا کھیل !

آؤ تمھیں اِک کھیل بتائیں !

چھوٹا سا اک گاؤں بسائیں اس میں کھیت اور باغ لگائیں
جب ان باغوں میں پھل آئیں سب آپس میں بانٹ کے کھائیں

آؤ تمھیں اک کھیل بتائیں !

حکم ہو یہ اس گاؤں کے اندر دھرتی کا مالک ہے ایشور
راجہ کساں سب اس کے چاکر سب اس آگے سیس نوائیں

آؤ تمھیں اک کھیل بتائیں !

مل کر کردیں حکم یہ جاری کاہل رہنا جرم ہے بھاری
اور ہے پاپ بڑا بیکاری کام کریں جو وہ سکھ پائیں

آؤ تمھیں اِک کھیل بتائیں!

لڑنے میں نہیں کوئی بُرائی   ہو جاتی ہے من کی صفائی
رہے نہ لیکن سدا لڑائی   لڑیں جھگڑیں خود ہی من جائیں

آؤ تمھیں اِک کھیل بتائیں!

دھونس کسی کی ہو نہ کسی پر   سکھیا سیوک ایک برابر
کام کریں جو سب سے بڑھ کر   زیبؔ وہی اچھے کہلائیں

آؤ تمھیں اِک کھیل بتائیں!

دکھیوں کی امداد!

کہتے ہیں کسی مدرسے میں تھا کوئی لڑکا
اک روز اسے پیار سے اُستاد نے پوچھا
ہیں قتل کے اِلزام میں دو شخص گرفتار
اک غیر ہے اور دوسرا ہم قوم تمہارا
سچ یہ ہے کہ ان دونوں کی خطا کوئی نہیں ہے
ظاہر ہے کہ بےچاروں پہ الزام ہے جھوٹا
دونوں کو عدالت سے ہوئے موت کے اِحکام
اک شرط مگر اس میں ہے کچھ حوصلہ افزا
کی جائے عدالت سے اگر رحم کی درخواست

بچ سکتا ہے اِک شخص ہو بیگانہ یا اپنا
اب کس کی مدد کیجئے اور کس کی نہ کیجے
اِس بات میں ہے فیصلہ درکار تمہارا
شاگرد نے اِک لمحہ تامل کیا لیکن
وہ جلد ہی آداب بجا لا کے یوں بولا
جب ہم کو ہے معلوم کہ ہیں دونوں ہی مظلوم
اِس بات میں پھر کوئی بھی کھٹکا نہیں رہتا
ہم قوم ہے جو زندگی اس کی بھی ہے پیاری
بیگانہ ہے جو فرض ہے اس کو بھی بچانا
لازم ہے مگر غیر کی جاں پہلے بچائیں
اپنے کو بچائیں گے ہی آخر کہ ہے اپنا
ہم سے کسی دُکھیا کو مدد کی ہے ضرورت

اپنا ہے کہ بیگانہ ہے وہ اس سے ہمیں کیا

جب رحم کی درخواست سے پورا ہوا یہ فرض

ظاہر ہے کہ آسان ہے پھر کام ہمارا

دے سکتے ہیں ہم جان کے عوض جاں خوشی سے

بچ سکتا ہے یوں دوسرا مظلوم بچارا

مظلوم ہیں امداد کے حق دار برابر

اس میں نہیں کچھ زیب کو تفریق گوارا

ڈھیلا اور پتّا

شاخ سے چھوٹ کے کوئی پتا
فرش پہ ٹوٹ کے کوئی پتا

آن پڑا رنجور اکیلا
ہمجنسوں سے دور اکیلا

ڈھیلا ایک اوپر سے آیا
کیا معلوم کدھر سے آیا

آن گرا پتّے کے اوپر
ظلم ہوا پتّے کے اوپر

نرم جو پایا بستر اس نے
گرم جو پایا بستر اس نے

دھرنا مار کے بیٹھ رہا وہ
پاؤں پسار کے بیٹھ رہا وہ

آج سے کل اور کل سے پرسوں
بیٹھے بیٹھے گذرے برسوں

اِک دن اکتا کر ڈھیلے سے
بولا پتا یوں دھیمے سے

کیوں اے دوست اٹھے گا بھی اب
کچھ تو رحم کرے گا بھی اب

ہے معروف ظلم تو کب سے ڈر مالک کے قہرِ و غضب سے
میرا ہی دل دیکھ کے اب تک میں نہ شکایت لایا لب تک
ڈھیلا جو آرام طلب تھا وہ پتّے کی سنتا کب تھا
پتّے سے بولا اے ناداں بھول گیا تو میرے احسان
آندھی تجھ کو لے اُڑ جاتی تن کو تیرے دھوپ جلاتی
اور مویشی دیکھ جو پاتے وہ تجھ کو فوراً کھا جاتے
تیری رکھوالی میں نے کی ہر دیکھا بھالی میں نے کی
اب یہ ناممکن ہے مجھ سے کیسے کروں کنارا تجھ سے
ڈھیلے کی تقریر یہ سُن کر چوٹ لگی پتّے کے دل پر
آخر کیا کرتا بے بس تھا بے چارہ پتا بے کس تھا
اپنی لاچاری پر رو یا اپنی ناداری پر رو یا
لیکن پُر اُمید رہا وہ فضل خدا کا قائل تھا وہ

اِک دِن آیا رحم خدا کو
اس مولائے ارض و سما کو

ہر جانب سے چھائے بادل
خوب ہی گھر کر آئے بادل

رنگ یہ دیکھ کے بولا ڈھیلا
بدنیت مکر والا ڈھیلا

اے پتے اے جانِ برادر
مشکل میں ہے جانِ برادر

میں نے کی ہے تیری خدمت
فرض ہے تجھ پر میری خدمت

منھ سے آج چھپالے مجھ کو
پڑے ہیں جاں کے لالے مجھ کو

بولا پتا یوں خوش ہو کر
تیرا فرماں سر آنکھوں پر

لیکن میری عرض بھی ہے اِک
یعنی تیرا فرض بھی ہے اِک

تو مجھ کو آزاد تو کر دے
کچھ میرا دِل شاد تو کر دے

تاکہ کروں میں خدمت تیری
اَور ٹل جائے مصیبت تیری

ڈھیلے کی نیت جو بد تھی
پتے کی جانب سے کد تھی

سوچا پتے کی آزادی
ہے گویا اپنی بربادی

چھوڑا تو اُڑ جائے گا یہ — ہاتھ کہاں پھر آئے گا یہ
فوراً دل کا بھید چھپا کر — بولا ڈھیلا بات بنا کر
باتوں کا ہے وقت کہیں یہ — ہمدردوں کا کام نہیں یہ
آن پڑا ہے مینھ کا قطرہ — سر پہ کھڑا مینھ کا قطرہ
ایک طریقہ بتلاتا ہوں — میں اِک سمت سرک جاتا ہوں
یعنی اپنے آدھے پر سے — تو مجھ کو ڈھک لے اوپر سے
یوں کی آج امداد جو میری — ہے کل پھر آزادی تیری
لیکن پتا سیانا تھا اب — وہ باتوں میں آتا کیا اب
دیکھے تھا وہ طور غلامی — یاد تھے اس کو جور غلامی
سوچ کے بولا اچھا بھائی — جیسے تیری منشا بھائی
میں بھی پھر مجبور ہوں دل سے — بے بس ہوں معذور ہوں دل سے
ڈھیلا جب آزاد کرے گا — پتا بھی امداد کرے گا

کہہ کر یہ خاموش ہوا وہ دیکھتا ہے اتنے میں کیا وہ

تڑ تڑ پڑنے لگ گئیں بوندیں خاک میں گڑنے لگ گئیں بوندیں

کیچڑ ہو کر رہ گیا ڈھیلا برسا پانی بہہ گیا ڈھیلا

رب کا شکر کیا پتے نے سُکھ کا سانس لیا پتے نے

چمکی دھوپ ہوا بھی آئی پتے نے ایک جست لگائی

اُڑ کر پہنچا دور فضا میں گونج اُٹھا یہ گیت ہوا میں

سکھ ہے نرالا آزادی کا بول ہو بالا آزادی کا

زیبؔ سُنی پتے کی جیسے
سنے خدا ہم سب کی ایسے

پریمی بچے !

بجھے بجھے سے سب نر ناری کھوئی کھوئی سی جنتا ساری
بوجھ نہ جانے سوجھ ہماری
دکھیا ہے سنسار !
آؤ مل کر کریں وچار

لوگ بنے ہیں ایک تماشا ٹوٹ چکی ہے سب کی آشا
پھرتا ہے انسان نراشا
جینے سے بیزار
آؤ مل کر کریں وچار

ماتا جی کو بھور سویرے لت ہے کہتے وھیرے دھیرے

اب نہیں ہم ہیں جگ سوامی رے
دُکھ کی اوذر سہار
آؤ مِل کر کریں وچار
زیبؔ سے اکثر ہم نے سُنا ہے جو ہے اس جگ میں دکھیا ہے
پاپ نے سب کو گھیر لیا ہے
اس کا کریں سدھار
آؤ مِل کر کریں وچار

راجہ اور بھونرا

باغ میں پھرتا تھا اِک راجہ   نامی نگری کا اِک راجہ
اس نے وہاں دیکھا اِک بھونرا   پھول پہ منڈلاتا اِک بھونرا
نئی نویلی کلیاں تھیں جو   رنگ رنگیلی کلیاں تھیں جو
اُن ہی پر منڈلاتا تھا وہ   جن میں کچھ رس پاتا تھا وہ
مُرجھائے جو پھول وہاں تھے   کملائے جو پھول وہاں تھے
ان سے بے پروا تھا بھونرا   مطلب کا پکا تھا بھونرا
دیکھ رہا تھا یہ سب راجہ   بھونرے سے تب بولا راجہ
کیا کرتا ہے پاپی بھونرے   بات نہیں یہ اچھی بھونرے
نام ہے تیرا پھول کا عاشق   چور کہوں تجھ کو یا عاشق

بھولے بھالے پھول بچارے — سیدھے سادے پھول بچارے
تو الفت کا مکر بنا کر — اپنا جھوٹا پریم جتا کر
کیوں ان سے رس لوٹ رہا ہے — نقد حسن کھسوٹ رہا ہے
سمجھی ہیں سنے چاہت تیری — ہے بہروپ محبت تیری
بھونرا بھی چالاک بہت تھا — باتوں میں بے باک بہت تھا
بولا سن رے پیارے راجہ — دیش کے راج دلارے راجہ
سر آنکھوں پر تیرا کہنا — سچ ہے مہاراجے کا کہنا
میری بھی اِک عرض ہے لیکن — کہنی نہیں کسی سے تجھ بن
میں نے دُنیا میں یہ سُنا ہے — دانشمندوں نے یہ کہا ہے
جب ہو پاپی کوئی رعایا — ظلم ہو جب نگری پر چھایا
بھولے لوگ کھسوٹے جائیں — سادے اِنساں لوٹے جائیں
مکر ہو جب دُنیا میں پھیلا — جھوٹا پریم سبھا میں پھیلا

کوئی نہ پوچھے ناداروں کو سب ٹھکرائیں بے چاروں کو

جب کنجوس ہوں دولت والے پڑے ہوں گھر گھر جان کے لالے

جاہل ہے اس وقت کا راجہ غافل ہے اس وقت کا راجہ

اُڑ گیا اِتنا کہہ کر بھونرا رہ گیا دِل کو تھام کے راجہ

حسن کی اِتنی اچھی باتیں دِل کو لگتی سچی باتیں

ہوا بہت شرمندہ راجہ اپنے من سے بولا راجہ

زیبؔ ہے سچ مچ غفلت میری ہے مظلوم رعیت میری

میں اپنی اصلاح کروں گا

پرجا کو الزام نہ دوں گا

بچیوں کا گیت

ہم باغ وطن کی کلیاں ہیں اور قوم ہے ڈالی پھولوں کی
کلیوں سے نہ دیکھی جائے گی ہرگز پامالی پھولوں کی

کہتی تھی یہ بلبل سے قمری آزادی جیسی دولت کا
کانٹوں کو محافظ سمجھیں گر ہے خام خیالی پھولوں کی

جب حسن کی شوق نمائش نے بازار و دیار میں لا ڈالا
رخصت ہوئی غفلت کلیوں سے اور اڑ گئی لالی پھولونکی

وہ قوم ہیں جینے سے واقف ہو جسکی طبیعت میں شامل
کچھ رنگ جلالی تاروں کا کچھ شان جمالی پھولوں کی

جب مالی کی غیرت اٹھ کر گلچیں کے جور مٹا دے گی

اس وقت گلستاں میں ہوگی کچھ شان نرالی پھولوں کی

بازارِ جہاں میں جنسِ وفا کچھ ایسی ہنگی چیز نہیں

افسوس کہ نقدِ مروّت سے ہر جیب ہی خالی پھولوں کی

یہ زیبؔ کی بابت بلبل نے پھولوں سے کہا سرگوشی میں

ہر دِل کا حال سُنانے کو اِک طرز نکالی پھولوں کی

صفائی

گر صفائی کا ہے خیال تمھیں
چاہیئے گھر کی دیکھ بھال تمھیں

ہوں ملازم ہزار پھر کیا ہے
غیر کا کام غیر ہی کا ہے

چھوڑ بیٹھے جو گھر کے کاموں کو
عیب سمجھے ہنر کے کاموں کو

تندرستی سے ہو گئے محروم
ان کو محنت کی قدر کیا معلوم

گر کوئی آدمی کا دشمن ہے
صحت اور زندگی کا دشمن ہے

ہے جہاں میں وہ چیز بیکاری
ایک بیکاری لاکھ بیماری

جن کو ہے کام کاج میں راحت
ہے صفائی سے بھی انھیں راحت

ہو صفا کیا لباس کیا ساماں
بے سلیقے نہ ہو پڑا ساماں

کتنا گھٹیا ہو کوئی بات نہیں
مال و دولت کسی کی ذات نہیں

مال سے ہے اور نہ کوئی دولت ہے
بس صفائی ہی پر شرط عزت ہے

دل بھی پاکیزہ تن بھی پاکیزہ
کیوں نہ ہوں پھر چلن بھی پاکیزہ

یوں تو ہے پاک بس خدا کی ذات
ہم بھی ہوں پاک صاف پھر کیا بات

زیب کی تم کو ہیں جو تاکیدیں
قوم کو تم سے ہیں جو امیدیں

ہر صفائی کا ان میں درجہ خاص
اور بھلائی کا ان میں درجہ خاص

یاد رکھنا یہ بات میری جاں
تم ہو لڑکی کی ذات میری جاں

تم کو ہیں زندگی میں کام بہت
جن میں محنت بڑی ہے نام بہت

زندہ کرنا ہے مردہ قوموں کو
ناامید اور فسردہ قوموں کو

ملک کی آبرو بچانا ہے
قوم کو سُرخ رو دکھانا ہے

زیبؔ کی ہے یہی دعا تم کو
نیک توفیق دے خدا تم کو

نامور لڑکی

تھی کسی گاؤں میں اِک لڑکی غریب
گھر سے اپنے تھی جو بے چاری غریب

اس کو پڑھنے کا بہت ہی شوق تھا
غم سے مرتی کیا نہ کرتی شوق تھا

والدین اس کو پڑھا سکتے نہ تھے
مدرسوں کے خرچ اٹھا سکتے نہ تھے

یوں تو چھوٹی اور کم سِن تھی بہت
عقل والی تھی مگر لڑکی بہت

لڑکیوں کو مدرسے جاتے ہوئے

اور بستے لے کے گھر آتے ہوئے
دیکھتی رہتی بڑی حسرت سے وہ
خود یہ پھر کرتی نظر نفرت سے وہ
دل میں کہتی آہ میں ہوں بدنصیب
مجھ سا بھی ہوگا کوئی کیوں بدنصیب
شوق ہے پڑھنے کا پڑھ سکتی نہیں
بیل یہ پروان چڑھ سکتی نہیں
یوں ہی بیٹھی رو رہی تھی ایک دن
مفت میں جاں کھو رہی تھی ایک دن
روتے روتے اس کو نیند آنے لگی
خود کو وہ اِک خواب میں پانے لگی
دیکھتی کیا ہے کہ ہے کوئی بزرگ

ہے فرشتہ ہی کوئی ہستی بزرگ

پوچھتا ہے اس سے اے جانِ پدر!

تجھ کو کیا تکلیف ہے جانِ پدر

مجھ سے کہہ کس واسطے روتی ہے تو

اس قدر بے حال کیوں ہوتی ہے تو

سُن کے اس ہمدرد سے شفقت کی بات

مہربانی سے بھری الفت کی بات

اور بھی غم سے بھر آیا اس کا دِل

کیونکہ اِک بچّی کا دِل تھا اس کا دِل

خوب روئی اور یوں رو کر کہا

آنسوؤں سے چہرہ کو دھو کر کہا

آرزو ہے مجھ کو پڑھنے جاؤں میں

اچھی لڑکی گاؤں میں کہلاؤں میں

ہیں مگر ماں باپ بیچارے غریب
خرچ سے لاچار دکھیارے غریب

دانے دانے سے ہو محرومی جہاں
ذکر کیا پڑھنے پڑھانے کا وہاں

مدرسے جاتی ہیں ساری لڑکیاں
ستھری ستھری پیاری پیاری لڑکیاں

دیکھ کر اُن کو تڑپ جاتا ہے دِل
اپنی مجبوری پہ بھر آتا ہے دِل

سُن کے بچی سے یہ سنجیدہ کلام
مسکرایا کچھ ذرا دہ نیک نام

اِس طرح پھر پیار سے کہنے لگا

رو نہ تو یہ باپ ہو تجھ پر فدا

تُو نے ناحق ہے کیا اپنا یہ حال
اِتنی اچھی میری بیٹی کا یہ حال

ہاں مگر انجان جو ہے تو ابھی
کمسن اور نادان جو ہے تو ابھی

سُن ! بتاتا ہوں تجھے میں ایک بات
ساری تعلیموں سے ہے جو نیک بات

کیا ہوا ماں باپ ہیں تیرے غریب
علم سے خالی نہیں بندے غریب

شوق ہے اِنساں کا سچا اگر
پھر ہو مایوسی کا دِل میں کیوں گذر

مدرسوں ہی تک نہیں محدود علم

ہے جہاں میں ہر جگہ موجود علم
مدرسہ ہے تیرا گھر تیرے لئے
ہیں سبق شام و سحر تیرے لئے

گھر کے مکتب میں ہیں کتنے ہی سبق
جن سے لے سکتی ہے ہر لڑکی سبق
ہے سبق ماں کی محبت بھی تجھے
باپ اور بھائی کی شفقت بھی تجھے

ہے سبق بہنیلیوں کا پیار بھی
ساتھ تیرے کھیلیوں کا پیار بھی
علم کا ہے مدعا اتنا ہی بس
کام ہے تعلیم کا اتنا ہی بس

ہوں سدا آپس میں انسان نیک دل

اور مروّت سے بھرا ہر ایک دل

علم آپس کی مروّت کا ہے نام

عقل کیا ہے بس محبّت کا ہے نام

چاند تارے گھومتے ہیں جس کے گرد

دونوں عالم پھر رہے ہیں جس کے گرد

سر جھکاتے جس کے آگے رات دن

پھر رہے ہیں بھاگے بھاگے رات دن

چیز وہ کیا ہے محبّت ہی تو ہے

سب سے آپس میں مروّت ہی تو ہے

جب تجھے احسان کرنا آگیا

دوسروں کے غم میں مرنا آگیا

پھر مکمّل ہے تری تعلیم بس

سب سے بڑھ کر ہے یہی تعلیم بس
لکھنا پڑھنا پھر ہے معمولی سی بات
کیوں رُلائے تجھ کو یہ اِتنی سی بات

تھوڑی محنت اس میں بھی درکار ہے
کی ذرا کوشش تو بیڑا پار ہے
اُٹھ کے محنت کر کہ رونا ہے فضول
آنسوؤں سے مُنہ کو دھونا ہے فضول

شوق محنت کا اگر موجود ہے
تو یہ مایوسی تری بے سُود ہے
اس طرح کچھ کہہ رہا تھا وہ بزرگ
تھا خُدا کا نیک بندہ وہ بزرگ
خواب سے اِسنے میں بچی جاگ اُٹھی

ساتھ اُس کے عقل اُس کی جاگ اٹھی
جاگنے سے عقل کے چونکے خیال
اب نہ تھے اس کے وہ پہلے سے خیال
زیبؔ نے کچھ روز میں پائی خبر
قوم میں نکلی وہ لڑکی نامور

خانہ داری

گھر کا طریقہ جن کو نہ آیا   گھر کا سلیقہ جن کو نہ آیا
قوم کا دِل کیا شاد ہوا ان سے   دیش کی کیا امداد ہوا ان سے
گھر کا سلیقہ گھر کا قرینہ   بام ترقی کا ہے زینہ
گھر بھی مُلک ہے اِک ننھا سا   گھر بھی شہر ہے اِک چھوٹا سا
عورت ہے ذمہ دار ہے اُسکی   لڑکی اہل کار ہے اُس کی
شہر ہیں وہ مشہور جہاں میں   ملک ہیں وہ مغرور جہاں میں
اچھے اہل کار ہیں جن کے   کارندے ہشیار ہیں جن کے
شہر ہیں بنتے مِل کے گھروں سے   ملک ہیں کہلاتے شہروں سے
کہتے ہیں جس کو گھر کی درستی   خدمت ہے یہ قوم و وطن کی

چھوٹے چھوٹے کام تمہارے
دُکھ ہوں یا آرام تمہارے
گھیرے ہوئے ہیں دنیا بھر کو
چھوٹی جگہ نہ سمجھو گھر کو
دارا اور سکندر نکلے
گھر سے رشی پیمبر نکلے
دھاک ہے اُن کے تیغ و علم کی
جوت ہے اُن سے دھرم کرم کی
تم کو بھی جو نیک ہے بننا
اور طاقت میں ایک ہے بننا

آؤ زیبؔ کا کہنا مانیں
گھر کے فرائض کو پہچانیں